Lifestylereihe

Erik Tengstedt

Treff-Sicher.

Die 150 besten Dating- und Flirt-Tipps

2. Auflage

Lifestyle-Reihe

<u>Impressum:</u>
© 2004 Brigitta Schmidt
Herstellung und Verlag
BoD – Books on Demand GmbH
in Norderstedt

ISBN 3-8330-1044-4

Autor
Erik Tengstedt

Besuchen Sie die Website:
www.brigitta-schmidt-verlag.de

**Weitere Titel der
Lifestyle-Programmreihe**

Immer ganz cool bleiben
Selbstbewusst und erfolgreich leben
... für mehr Persönlichkeitsprofil
und Wohlbefinden

Just Love. Abenteuer Liebe
Faszination Liebe, Erotik und mehr
Finden Sie Ihren Partner und lassen Sie
sich in den Rausch des Abenteuers Liebe
entführen. Oder frischen Sie Ihre bisheri-
ge Beziehung einfach neu auf ...

5

Inhaltsverzeichnis

Menschen mit Sinn
für Humor
und Partnerschaft
leben nicht unbedingt
länger, aber mehr.

Dating-Tipps

Zunächst ganz cool bleiben: Vertrauen Sie unbedingt Ihren Instinkt. Wenn Ihnen Ihr Date-Partner etwas unheimlich vorkommt, dann ist da wahrscheinlich etwas dran.

Nehmen Sie zum Date Ihr Handy mit, treffen Sie sich beim ersten Date in einer belebten und gut beleuchteten Gegend. Weihen Sie einen guten Bekannten oder eine gute Freundin unter Angabe der Uhrzeit in Ihr Dating-Treffen ein.

❸

Möglicherweise ist Ihr Date noch verheiratet. Sehen Sie sich den rechten Ringfinger genau an. Nach etwa sechs Monaten hinterlässt der Ehering einen Druckstreifen und einen Streifen hellerer Haut.

❹

Sie sollten darauf bestehen, in der Öffentlichkeit Händchen zu halten. Hat Ihr Date Interesse an Sie gefunden, dann wird er diese kleine, alltägliche Liebesbezeugung gerne annehmen. Es sei denn, Ihr Date hat Angst von Bekannten gesehen zu werden.

❺

Suchen Sie ein ruhiges Plätzchen zum Verweilen. Beobachten Sie während des Gesprächs die Augen Ihres Dates. Blickt er hierbei nach rechts, dann handelt es sich meist um ein ehrliches Gespräch. Blickt er jedoch permanent nach links, dann kann es sein, dass er Ihnen schlicht etwas vorgaukelt.

❻

Bitten Sie Ihrem Date um die private Telefonnummer. Verweigert Ihr Date dies, so fürchtet er wohl, jemand anders könnte ans Telefon gehen, z. B. die Ehefrau.

❼

Haben Sie das Gefühl, dass Ihr Date all zu schnell einen guten Draht zu Ihnen gefunden hat? Redet er Sie etwa mit „Süße", „Puppe", „Baby" oder „Schätzchen" an? Dann sind Sie wahrscheinlich an einen Aufreißer geraten. Ab jetzt haben Sie es in der Hand, ob und wie es weiter geht ...

❽

Wenn Sie einem Aufreißer aufgesessen sind, dann geben Sie ihm keine persönlichen Informationen wie Vor- und Nachname, Wohnort, o. ä. mit Einblick ins Privatleben.

❾

Ihr Date ist aufdringlich und möchte Sie „gefügig" machen? Werden Sie nun unhöflich im Ton, verschütten Sie absichtlich ein Getränk, um so die Aufmerksamkeit anderer Gäste auf sich zu lenken. Peinlich! Jedoch wird sich Ihr Date schnell ein anderes Opfer suchen.

❶⓿

Gehen Sie ins Internet-Cafe. Als seriöse Single-Treffs gelten z. B. neu.de, datingcafe.de, singles.freenet.de und flirt28.de. Kontakte knüpfen Sie i. d. R. über Chat, Forum, Gästebuch oder SMS.

❶❶

Sie wollen das Gespräch zunächst nur „locker" führen? Dann lassen Sie sich nicht auf Zukunftspläne der Beziehung ein. Vereinbaren Sie, zu einem festgelegten Zeitpunkt über die Zukunft der Beziehung zu sprechen, nachdem Sie mehr Zeit miteinander verbracht haben.

❶❷

Sorgen Sie für frischem Atem. Kauen Sie ein Kaugummi für etwa zwei Minuten, bevor Sie ihn ausspucken. Es macht keinen Sinn, den Kaugummi länger als nötig im Mund zu halten.

❶ ❸

Aber auch Petersilie, Minze und Zimtstangen sind ideale, natürliche Atemerfrischer. Nehmen Sie jedoch keinen gemahlenen Zimt zu sich, da nur das Kauen einer Zimtstange Ihren Atem reinigt.

❶ ❹

Nehmen Sie beim Essen möglichst wenig Laktose (Milchzucker)zu sich, da Darmbakterien den Milchzucker vergären, was häufige Blähungen verursacht. Verzichten Sie also weitestgehend auf Milchprodukte. Später können Sie gerne ein großes Glas Milch trinken.

❶❺

Ebenso vergären Bakterien die un-
verdaulichen Kohlenhydrate in
Kohl- und Obstsorten sowie in
Bohnen und Brokkoli. Denken Sie
also auch hier an die Folgen übel
riechender Blähungen.

❶❻

Wenn Sie in einer Polizeikontrolle
kommen, dann lassen Sie sich auf
keinen Streit mit den Beamten ein.
Statt cool, wirken Sie eher dumm
und arrogant vor Ihrem Date. Au-
ßerdem ist eine Beamtenbeleidi-
gung nicht nur unhöflich, sondern
kann Sie sehr teuer kommen.

❶❼

Wenn Sie schließlich feststellen, dass Ihnen Ihr Date nicht zusagt, dann brechen Sie die Beziehung sofort ab. Stellen Sie klar, dass Ihre Entscheidung endgültig ist. Sofern Sie Geschenke und andere Dinge angenommen haben, geben Sie diese zurück. Bleiben Sie offen und freundlich, versprechen Sie jedoch nicht, sich wieder zu melden.

❶❽

Haben Sie gefallen in Ihrem Date, dann signalisiert ein warmer, lächelnder Blick Zuneigung und das etwas schönes passieren wird.

❶❾

Auch wenn leidenschaftliche Zun-
genküsse Sie jetzt so richtig in
Fahrt bringen , so sind sie jedoch
beim ersten, ernsthaften Date
nicht angesagt. Nähern Sie sich
dem Mund Ihres Date und beginnen Sie mit einem sanften Kuss.

❷⓿

Küssen Sie nicht gleich bis zur Er-
schöpfung. Sie verhindern damit,
dass Sie oder Ihr Date der Sache
überdrüssig wird. Nun, vielleicht
ist die Zeit gekommen, zu anderen
„Aktivitäten" überzugehen.

❷❶

Blicken Sie Ihrem Date immer wieder in die Augen und lächeln Sie. Bedenken Sie, dass Sie die Macht abgeben, wenn Sie den Blick Ihres Date ausweichen.

❷❷

Der Abschied muss kein Abschied für immer sein. Geben Sie ihrem Date beim Abschied Ihre Adresse und bitten Sie ihn um seine Adresse oder Visitenkarte. Sagen Sie schmeichelnd, dass Sie möglicherweise eine kleine Überraschung zuschicken möchten.

❷❸

Laden Sie Ihren Date in den Zoo ein, um sich dort Nilpferde, Elefanten, Löwen, Affen und Pinguine anzusehen. Mimen Sie den Gang der Pinguine nach, jedoch mit Respekt vor den Tieren. Scherzen Sie und lachen Sie herzhaft.

❷❹

Gehen Sie am Abend mit Ihrem Date in einer Pizza-Stube beim Italiener. Fragen Sie beim Küchenchef diskret nach, ob Sie zwei Pizza in Herzform bestellen können. Lassen Sie diese „Überraschung" anschließend servieren.

❷❺

Lassen Sie bei sich zu Hause Blumen wachsen. In jedem Zimmer, an allen vier Wänden – überall Blumen. Ihr Date wird überrascht sein und sich sehr geschmeichelt und wertgeschätzt fühlen.

❷❻

Kaufen Sie für das nächste Treffen 150 Teelichter. Stellen Sie diese auf dem Boden in Herzform auf und zünden Sie die Teelichter erst kurz vor dem Erscheinen Ihres Date an. Dunkeln Sie den Raum ab und eine weitere Überraschung kann ihren Lauf nehmen ...

❷❼

Können Sie sich vorstellen, übers Wochenende Rollschuhe oder Inline-Skater zu mieten? Nein? Dann tun Sie es doch einfach! Fahren Sie mit Ihrem Date ins Grüne, schnallen Sie sich die Rollschuhe oder Inline-Skater um und los kann es gehen. Nicht nur die Unbeholfenheit wird ihnen beide einen riesigen Spaß garantieren.

❷❽

Für besinnliche Stunden gönnen Sie sich einen langen Spaziergang am Meer, an einem See oder auch im dicht bewachsenen Wald.

❷❾

Reservieren Sie für sich und Ihren Date Plätze für eine Vorstellung, die erst an einen Abend in vier Wochen beginnt. Die dreißigtätige Vorfreude wird ganz bestimmt genauso schön sein, wie der Konzert- oder Theaterbesuch selbst.

❸⓪

Probieren Sie ein Parfum aus, das noch besser zu Ihnen passt. Aufdringlich oder dezent? Welcher Duft wird von Ihrer Haut angenehm aufgenommen. Lassen Sie sich von einer Verkäuferin oder von einem Verkäufer „vom Fach" beraten.

❸❶

Flanieren Sie in Parks oder öffentlichen Gärten, wenn sich die Knospen der Rosen öffnen und zu blühen beginnen. Nehmen Sie den Duft bewusst und innig auf und lassen Sie die Gedanken über Ihre Beziehung liebevoll schweifen.

❸❷

Nutzen Sie jede Gelegenheit, um gemeinsam im Freien zu picknicken. Genießen Sie das viele Grün um sich herum. Lassen Sie Ihre Haare im Wind wehen. Legen Sie sich beide hin und erzählen Sie sich schöne Geschichten.

❸ ❸

Geben Sie sich den Liebes- und Glücksgefühlen hin. Sehen, hören, tasten, schmecken und riechen Sie Ihren Date. Geben Sie Ihren Date einen sanften Kuss. Leben Sie Ihre fünf Sinne jeweils besonders intensiv aus. Ja, so ist es gut ...

❸ ❹

Erleben Sie gemeinsam einen Sonnenuntergang. Beobachten Sie, wie erst der Mond aufgeht und dann immer mehr Sterne am Himmel erscheinen. Nun ist die Gelegenheit da, allein zu zweit einen Wunsch auszusprechen ...

❸ ❺

Wenn Sie zum ersten Mal in Berlin sind, dann gehen Sie mit Ihren Date durch das Brandenburger Tor. Bleiben Sie direkt unter dem Brandenburger Tor stehen. Sie dürfen sich beide nun etwas wünschen.

❸ ❻

Lassen Sie bei der nächsten Einladung Ihres Date zu sich nach Hause rote Luftballons an die Decke des Schlafzimmers aufsteigen und hängen Sie jeweils ein kleines Geschenk daran. Ein Geschenk sollte ein klein zusammen gefalteter Liebesbrief sein.

❸❼

Schnüren Sie ein Paket mit lauter kleinen Geschenken. Jedes Geschenk steht für einen Buchstaben des Vornamens Ihres Date. Ideale Geschenke sind Mini-Herzchen, Parfum-Fläschchen, Sand, Konfetti, eine Fotocollage, Lippenstiftküsse oder Fingerabdrücke auf Papier oder ein Haar von Ihnen.

❸❽

Haben Sie schon einmal im Café eines Luxushotels gesessen und in aller Ruhe eine heiße Schokolade geschlürft. Gönnen Sie sich beide diesen wunderbaren Genuss.

❸❾

Besuchen Sie mit Ihrem Date so häufig wie möglich Orte auf, an denen sich Menschen zusammenfinden, die ebenso verliebt sind wie Sie und die auch Sie wahrscheinlich gerne treffen würden.

❹⓪

Was halten Sie vom gemeinsamen Besuch einer Kirmes? Garantiert werden Sie dort Leckereien finden, die einen so wunderbar an die eigene Kindheit erinnern. Wie wärs mit Himbeerbonbons, Lakritzschnecken, Zuckerwatte oder Bratäpfel mit Schokoladenüberguss.

❹❶

Nehmen Sie künftig nicht mehr alles um sich herum all zu ernst. Befreien Sie sich von Zwängen. Machen Sie es sich leichter und zwar in jeder Hinsicht. Ihr Leben wird sodann schöner sein, leichter und sehr viel fröhlicher.

❹❷

Es gibt ein herrliches Sprichwort von Rousseau: „Es ist sinnlos, sein Glück in weiter Ferne zu suchen, wenn man nicht versucht, es in sich selbst zu suchen und zu pflegen". Denken Sie einmal ernsthaft über dieses Sprichwort nach.

4 3

Es ist die Zeit gekommen für ein romantisches Abendessen zu zweit? Organisieren Sie ein unvergessliches Abendessen im Kerzenschein, mit raffinierter Tischdekoration, feinem Geschirr, duftenden Blumen sowie anderen kleinen Nettigkeiten. Selbstverständlich darf die Musik im Hintergrund nicht fehlen, passend zum Abend.

4 4

Sie können auch ganz ohne Grund ein abendliches Treffen bei sich zu Hause organisieren. Sagen Sie Ihrem Date, wie sehr Sie sich freuen.

❹❺

Nun trauen Sie sich schon zu zweit ins Bett, nachdem Sie sich bereits öfter getroffen haben. Verboten sind jedoch Liebeskiller wie alte Unterwäsche, qualmende Socken, Hardcore-Pornos, Handschellen und schlechte Körperhygiene.

❹❻

Liegen Sie bequem? Legen Sie nun die Arme hinter den Kopf, die Beine ausgestreckt nach vorne, formen Sie Ihren Mund zu einen angedeuteten Kuss. Damit signalisieren Sie, dass Sie offen für weitere Annäherungsversuche sind.

❹❼

Werden Sie jedoch nicht gleich in der ersten Nacht all zu aufdringlich. Nehmen Sie sich vor zu früher sexueller Offenheit in Acht. Schließlich legen Sie gerade die Basis für spätere, intensive und tief dringende sexuelle Kontakte.

❹❽

Ein guter Zeitpunkt, die Partnerin zu verführen, ist dann gegeben, wenn Sie als Partner aus dem Bad kommen, noch nass sind und nur ein Handtuch um die Hüfte tragen. Lassen Sie sich von Ihrer Partnerin mit Feuchtigkeitscreme einreiben.

❹❾

Verwandeln Sie Ihr Schlafzimmer in einen Sinnes-Himmel auf Erden. Um Sie herum Kerzenschein, weicher Kissen im Bett, in die sie sich beide nackt fallen lassen können, umgeben von zarten Stoffen wie Samt, Seide und Kaschmir.

❺⓿

Streuen Sie Rosenblätter auf die Bettwäsche und erfüllen Sie Ihr Schlafzimmer mit dem Duft frischer Rosen. Lassen Sie alles verschwinden, was stört, z.B. Handy und Wecker. Füllen Sie Ihr Intimleben voll aus und schmeicheln sie einander.

❺❶

Nehmen Sie wohl riechendes, warmes Massageöl, massieren Sie Ihren Partner mit sanften, kreisförmigen Bewegungen zunächst die Schultern ein. Lassen Sie Ihre Fingerspitzen leicht massierend über seinen Rücken zu den Hüften und den Po wandern. Führen Sie Ihre Hände etwas nach vorn zum Bauch hin und streicheln Sie sanft seine Genitalien. Das turnt an ...

❺❷

Träufeln Sie etwas Champagner auf den Penis und schenken Sie ihm köstlich saugenden Oralsex.

❺❸

Der Partner sollte warten, bis die Partnerin stark erregt ist; zunächst an den Ohren knabbern und die Innenseiten Ihrer Schenkel liebkosen, Jedoch noch nicht ihre Klitoris berühren. Das wird Sie weiter anturnen und nach mehr verlangen lassen. Küssen und streicheln Sie Ihre Partnerin und stimulieren Sie mit der Spitze Ihres Penis ihre Brustwarzen und sagen Sie dann: „Ich liebe dich!"

❺❹

Begießen Sie sich mit Champagner und lecken Sie das Getränk ab.

❺❺

Steigern Sie nun Ihre Erregung, indem sie sich zu zweit nackt und verschwitzt vor einem Spiegel lieben. Seien Sie hemmungslos und wild, so wie es Ihnen und Ihren Partner gefällt. Schenken Sie sich gegenseitig einen tief dringenden, befreienden Orgasmus; benutzen Sie viel Seife, Massageöl und Gel sowie Ihre Finger und Zehen.

❺❻

Lassen Sie den Dingen ihren Lauf: Bedenken Sie, dass eine kurze, wilde Tollerei genauso erregend sein kann, wie eine Stunde sanfter Sex.

❺❼

Beim gemeinsamen Bad, umgeben von Duftkerzen, waschen und massieren Sie einander die Haare, und beziehen dann das Schamhaar und die Genitalien in die Massage ein. Zeigen Sie Ihrer Partnerin, was Sie als nächstes mit ihr vorhaben.

❺❽

Aber vielleicht ist es erst einmal genug. Achten Sie daher auf die Stimmung Ihrer Partnerin. Wenn sie sich zurück zieht, dann lassen Sie es sein. Denn Schmerz und Nötigung sind niemals sexy!

Ein Flirt ist vergleichbar dem Gesang der Vögel in den frühen Morgenstunden – einmalig und inspirierend. Es ist ärmer, wer die Wahrnehmung verloren hat.

Flirt-Tipps

❺❾

Sagen Sie öfter als bisher und mit sanfter Stimme „Ich liebe dich"; „Du hast mir gefehlt" und „Schön, dass es dich gibt". Schauen Sie hierbei Ihrem Partner in die Augen.

❻⓪

Haben Sie schon einmal daran gedacht, Ihrem Partner/Ihrer Partnerin sexy Unterwäsche zu kaufen. Überraschen Sie ihn/sie. Nehmen Sie eine gegenseitige „Anprobe" vor. Scherzen Sie und kommen sie sich hierbei körperlich näher.

6❶

Gehen Sie mit ihrer Partnerin ins Café. Flüstern Sie ihr ins Ohr, dass sie Sie glücklich macht. Selbstverständlich darf auch die Partnerin Ihren Partner ins Café einladen – ruhig einmal die Gastgeberrolle wechseln.

6❷

Beharren Sie in Diskussionen mit Menschen, die Ihnen nahe stehen, nicht unbedingt immer auf Ihrem Standpunkt. Glücklich sein ist wichtiger als Recht haben. Genießen Sie unbedingt die Momente des glücklich Seins zu zweit.

❻❸

Nehmen Sie sich vor, wenigstens einmal im Leben die Milch einer frischen Kokosnuss zu trinken und lassen Sie die Gedanken ins Erotische schweifen.

❻❹

Bananen erzeugen Glücksgefühle. Kreieren Sie ein dekoratives Bananencocktail als Nachtisch. Beißen Sie sinnlich in die Banane und streicheln Sie die Banane mit Ihren Fingerspitzen. Diskutieren Sie zunächst über den erotischen Zauber, den die Banane auslöst. Nutzen Sie dann beide die Macht der Erotik ...

❻❺

Frieren Sie ein kleines Geschenk oder einen Zettel mit ein paar zärtliche Zeilen in einen Eiswürfel ein und lassen Sie Ihren Partner diese nette Überraschung bei Gelegenheit selbst entdecken.

❻❻

Es ist gut, die Vorlieben seines Partners oder seiner Partnerin zu kennen: Blumen, Parfum, Farben, Musik, Filme, Zeitschriften, Sportarten. Warum nicht auch die sexuellen Vorlieben. Sorgen Sie für eine gelungene Überraschung vor dem Schlafengehen – einfach so!

6 7

Denken Sie sich einen neuen Kosenamen für Ihren Partner/Ihre Partnerin aus, den sie beide jeweils
mögen und der dann aber auch
wirklich benutzt wird.

6 8

Lernen Sie, schlechte Erinnerungen
aus Ihrem Leben zu verbannen,
auch wenn es Ihnen schwerfällt.
Sagen Sie sich und Ihrem Part-
ner/Ihrer Partnerin jeden Morgen
ein paar nette Worte. Sie werden
glücklich darüber sein, sich über-
wunden zu haben und den Tag mit
guter Laune zu beginnen.

❻❾

Philosophieren Sie mit Ihrem Partner/Ihrer Partnerin über die Träume aus der Kindheit. Denn: Träume vergessen ist wie Sterben.

❼⓪

Lassen Sie Ihre Gefühle zu. Lachen Sie ungeniert, wenn Ihnen danach zumute ist und lassen Sie sich trösten, wenn Sie traurig sind.

❼❶

Kritisieren Sie ihren Partner/Ihre Partnerin nie so stark, dass er oder sie sich verletzt fühlt. Manchmal ist Schweigen mehr.

❼❷

Verzehren Sie im Sommer am Strand eine eisgekühlte Melone. Sinnen Sie über das kühle Nass und strecken sie anschließend beide alle viere weit von sich ...

❼❸

Geben Sie sich gelegentlich ruhig einer Laune hin, auch wenn sie ein wenig verrückt ist.

❼❹

Liebkosen Sie den Körper Ihres Partners/Ihrer Partnerin; lassen Sie sich hierbei Zeit und flüstern sie sich alberne Geschichten zu.

7 5

Nehmen Sie Ihren Partner/Ihre Partnerin ruhig öfter in den Arm. Vor allem, wenn es keinen Grund dazu gibt.

7 6

Ermutigen Sie Ihren Partner/Ihre Partnerin dazu, von sich zu erzählen. Sie werden erstaunt sein, wie interessant Sie es finden.

7 7

Schreiben Sie lauter kleine Liebesbotschaften, die Sie dann in der Wohnung verstecken. Das sorgt für nette Überraschungen.

❼❽

„Ich liebe dich." Lernen Sie diesen magischen Satz in mehreren Sprachen; in französisch, spanisch, italienisch und schwedisch.

❼❾

Ihr Partner/Ihre Partnerin friert? Reiben Sie ihn/sie genüßlich und langsam mit einem warmen Handtuch ab.

❽⓪

„Vermessen" Sie den Körper Ihres Partners/Ihrer Partnerin: Kopf, Brust, Arme, Bauch, Oberschenkel ... und alles andere auch.

❽❶

Wenn Sie Ihren Partner/Ihre Partnerin zum Essen einladen, dann
sollte das Restaurant schon einen
„Stern" aufweisen können.

❽❷

Übertreibungen können etwas Lie-
benswürdiges haben: Wenn Ihr
Partner Kaugummis mag, dann
kaufen Sie halt ein ganzes Kilo von
dem Zeug.

❽❸

Sagen Sie Ihrem Partner/Ihrer Partnerin, warum Sie ihn/sie lieben:
geistreich, besinnlich, humorvoll ...

❽❹

Streichen Sie Sätze wie „Siehst du, ich hatte mal wieder Recht" oder „Das hätte ich dir gleich sagen können". Dies tut nur unnütz weh.

❽❺

Sie müssen es nicht zeigen, dass Sie recht haben. Lassen Sie die anderen doch triumphieren. Lieber glücklich sein als recht haben.

❽❻

Schicken Sie Ihrem Partner/Ihrer Partnerin eine Woche vor dem Geburtstag jeden Tag eine humorvolle Glückwunschkarte.

❽❼

Lesen Sie Ihren Partner/Ihrer Partnerin abends vor dem Schlafengehen einige Zeilen aus einem Liebesroman vor. Kommen Sie nun ins Gespräch und dann sehen Sie weiter, was geschieht ...

❽❽

Selbst die einfachsten Vergnügen und Freuden lassen sich mit Wonne auskosten.

❽❾

Schauen sie beide zu, wie ein Vogel sein Nest baut ... und wie sieht es mit Ihrem Nestbau aus?

❾⓿

Fragen Sie Ihren Partner/Ihre Partnerin ganz direkt, was er/sie alles
erotisch findet. Die Antworten
werden sehr aufschlussreich sein.

❾❶

Denken Sie daran: Sie haben einen
Wunsch frei, wenn Sie die erste
Schwalbe, den ersten Schmetter-
ling und die erste Biene sehen.

❾❷

Versuchen Sie nicht, die Gedanken
des anderen zu erraten, wenn Sie
nicht sicher sind. Fragen Sie doch
lieber ganz ehrlich und direkt.

❾❸

Verbringen Sie eine Nacht unter freiem Himmel, zählen Sie die Sterne und lassen sie beide die Gedanken nachhängen.

❾❹

Zeigen Sie Wagemut! Im Alter werden Sie es bedauern, dass Sie vieles nicht gewagt haben.

❾❺

Machen Sie Komplimente, die von Herzen kommen. Jeder Mensch mag Komplimente. Vor allem, wenn sie von anderen und vom Liebsten ausgesprochen werden.

❾❻

Legen Sie Ihrem Partner/Ihrer Partnerin eine rote Rose aufs Kopfkissen – einfach so. Oder vielleicht auch, um Ihre Lust auf Zärtlichkeit zu signalisieren?

❾❼

Zeigen, dass man sich liebt, löst eine Kettenreaktion aus. Bringen Sie den Ball ins Rollen ...

❾❽

Begrüßen Sie den Wechsel der Jahreszeiten mit einem Fest. Ein herrlicher Anlass, vier Mal im Jahr ausgefallene Rituale zu feiern.

99

Vereinbaren Sie ein gemeinsames Geheimzeichen, mit dem Sie sich auch in der Ferne und in aller Öffentlichkeit ein „Ich-liebe-dich" zusenden können, z. B. mit dem rechten Zeigefinger auf die Nasenspitze zeigen ...

100

Glücklichsein tut gut. Suchen Sie gemeinsam die Gesellschaft von glücklichen Menschen auf.

101

Lassen Sie Ihre Partnerin vor, wenn Sie in einer Schlange stehen.

❶ ⓪ ❷

Lernen Sie, sich zu entspannen. Lockern Sie Ihre Muskeln: Gesicht, Hals, Schultern, Brust, Bauch, Rücken, Arme und Beine. Lassen Sie Ihren Gedanken freien Lauf. Warum eigentlich nicht zu zweit?

❶ ⓪ ❸

Sinnliche Lippen lösen beim Partner mehr aus als jeder andere Gesichtsausdruck. Große rote Lippen wirken stark anziehend.

❶ ⓪ ❹

Lassen Sie sich von einem Liebeslied begeistern. Singen Sie mit.

❶⓪❺

Gehen Sie auf Romantik-Tour:
Kaufen Sie Lebkuchenherzen und
Küssen Sie Ihre Partnerin in luftiger
Höhe im Riesenrad.

❶⓪❻

Das kommt nicht immer an: Alte
Unterwäsche, Stinkesocken, Fell-
handschellen, Fußfesseln und
Hardcore-Pornos.

❶⓪❼

Sexuelle Offenheit sollte nicht zu
früh in Betracht kommen. Es sei
denn, die Basis für sexuelle Kontakte ist bereits gelegt.

❶ⓞ❽

Wenn Sie schmale Lippen haben –
lächeln Sie. Die Lippen werden da-
durch auseinandergezogen und
wirken größer und reizvoller.

❶ⓞ❾

Sie: Ziehen Sie sich nicht gleich
komplett aus. Behalten Sie z. B.
schwarze Unterwäsche oder Strapse an. Nichts überstürzen!

❶❶ⓞ

Er: Ziehen Sie sich bis auf Ihre
schwarze, eng anliegende Boxer-
Shorts aus, die die Form Ihres Pos
anregend betont. Gemach ...

❶❶❶

Sie: Nähern Sie sich Ihrem Partner, fahren Sie sich mit der Zunge über die Lippen. Lassen Sie zunächst Ihre Beine sehen und lassen Sie die Strapse peitschen.

❶❶❷

Er: Sehen Sie Ihre Partnerin von oben bis unten angeregt an. Berühren Sie sie leicht an der Schulter. Zeigen Sie Interesse für das, was Ihre Partnerin gerade sagt.

❶❶❸

Machen Sie sich gegenseitig Komplimente: Reizvoller Körper, ...

❶❶❹

Intim zu zweit: Schicken Sie sich erotische Bücher mit Abbildungen und leicht frivole Karten. Wenn Sie vor Verlangen „kochen", sind Champagner und ausgefallene Dessours angesagt.

❶❶❺

Nur keine falsche Bescheidenheit, wenn Sie sich wirklich lieben. Missverständnisse komplizieren jede Situation unnötig.

❶❶❻

Stoßen Sie mit Champagner auf den Verlauf des Abends an.

❶❶❼

Werfen Sie Ihrem Partner bedeut-
same Blicke zu und berühren Sie
mit Ihren Füßen seine Beine.

❶❶❽

Füttern Sie sich gegenseitig mit
kleinen Häppchen. Wählen Sie für
den Nachtisch exotische Früchte,
die aufgeschnitten und schön
dapriert einen unwiderstehlichen,
genüsslichen Reiz ausstrahlen.

❶❶❾

Lecken Sie die klebrigen Finger des
Partners/der Partnerin sanft ab
und dann ist da noch der Mund ...

❶❷⓪

Übergeben Sie Ihrer Partnerin einen Gutschein, der ein Sexversprechen enthält, z. B. „Ich verspreche dem Besitzer dieses Gutscheins eine umfassende Sexmassage" oder „eine Stunde sexueller Sklaverei".

❶❷❶

Oder Sie verstecken den Sexgutschein unter dem Kopfkissen.

❶❷❷

Verfassen Sie einige Extragutscheine, die genau beschreiben, was Ihren Partner erwartet.

❶❷❸

Hinterlassen Sie auf dem Anrufbe-
antworter Ihres Partners wohltuen-
de, schmeichelnde Nachrichten.
Voller Erwartung ...

❶❷❹

Schreiben Sie sich gegenseitig eine
E-Mail, in voller Freude auf ein
baldiges Wiedersehen. Vereinbaren
Sie Codewörter für Sex-Begriffe.

❶❷❺

Praktizieren Sie Telefonsex. Beschreiben Sie bildhaft, was Ihnen
Spaß macht und fügen Sie hinzu,
dass Sie schon unterwegs sind.

❶❷❻

Ein Kuss auf den Mund spricht Gefühls-, Geschmacks- und Geruchssinn an. Beginnen Sie mit sanften Küssen und küssen Sie leidenschaftlicher, wenn sich seine/ihre Lippen öffnen.

❶❷❼

Flüstern Sie ihr schelmhaft ins Ohr, was Sie gleich im Bett alles mit ihr anstellen werden.

❶❷❽

Albern Sie zunächst rum und erzählen Sie sich im Bett frivole, erotische Geschichten.

❶❷❾

Begießen Sie Ihre nackten Körper gegenseitig mit Champagner und lecken Sie dieses Nass auf der Haut Ihres Partners/Ihrer Partnerin ab.

❶❸⓿

Sie: Träufeln Sie etwas Champagner auf die Genitalien Ihres Partners und schenken Sie ihm köstlichen Oralsex. Saugen Sie dieses wunderbare Nass in sich hinein.

❶❸❶

Er: Liebkosen und streicheln Sie die Innenseiten ihrer Schenkel. Berühren Sie zunächst ihre Klitoris nicht.

❶❸❷

Träufeln Sie Kokosnussöl auf ihre Brüste und stimulieren Sie mit der Spitze Ihres Penis ihre Brustwarzen. Saugen Sie die Brustwarzen in sich hinein. Lecken Sie sie ab.

❶❸❸

Sie: Streicheln Sie ihn sanft an verschiedenen Körperstellen. Er darf Noten von eins bis sechs für seine Empfindungen vergeben.

❶❸❹

Schenken Sie sich gegenseitig einen Orgasmus. Benutzen Sie viel Massageöl, ihre Finger und Zehen.

❶❸❺

Wie Kinder in der Badewanne spielen: Spritzen Sie sich gegenseitig mit Wasserpistolen nass, albern Sie rum ... mit Schwimmenten.

❶❸❻

Träufeln Sie mit einem Naturschwamm warmes Wasser über die Brüste Ihrer Partnerin. Schließen Sie sie fest um sich und tauchen Sie sanft aber tief in ihre Klitoris ein ...

❶❸❼

Massieren Sie sich gegenseitig Kopf und Kopfhaut mit Jasminöl.

❶❸❽

Formen Sie eine Handrinne und lassen Sie warmes Öl auf die Genitalien Ihres Partners laufen. Geben Sie ihm eine Genitalmassage.

❶❸❾

Körpergeruch ist nicht immer abstoßend, sondern kann sehr sexy sein und die Erregung steigern.

❶❹⓪

Legen Sie sich gemeinsam auf ein großes, angewärmtes Badetuch. Gönnen Sie sich heftigen Sex. Lassen Sie sich vom Schweiß des Partners stimulieren.

❶❹❶

Gehen Sie zusammen in die Sauna. Lassen Sie Ihre sexuelle Erregung ansteigen, wenn Sie sehen, wie die Schweißperlen Ihres Partners von der heißen Haut rinnen. Und dann ab nach Hause und ins Bett ...

❶❹❷

Nehmen Sie den noch schlaffen Penis Ihres Partners in den Mund, saugen Sie und beginnen Sie rhythmisch mit dem Mund zu pumpen, wenn der Penis hart ist.

❶❹❸

Sehen Sie ihn hierbei liebevoll an.

❶❹❹

Stimulieren Sie ihre Klitoris, indem Sie sich an seiner Hüfte reiben. Rutschen Sie auf Ihrem Partner von oben nach unten und achten Sie darauf, dass sein Penis Ihren Scheideneingang immer wieder berührt.

❶❹❺

Berühren Sie ihren Partner voller Lust. Lassen Sie nun Ihren Partner den Penis langsam in die Klitoris einführen und lassen Sie seinen Penis bei jeder Abwärtsbewegung tiefer in sich eindringen. Liebkosen Sie seinen Mund und dringen Sie hierbei mit Ihrer Zunge tief ein.

❶❹❻

Stimulieren Sie die Klitoris Ihrer Partnerin in jeder Richtung, indem Sie Ihren Kopf zwischen Ihre Beine legen. Lassen Sie die Zunge in die Scheide hineinfallen. Stimulieren Sie den G-Punkt, während Sie die Klitoris mit der Zunge massieren.

❶❹❼

Sprechen Sie sich gegenseitig mit den Kosenamen an, wenn Sie miteinander Sex haben. Sagen Sie Ihrem Partner wie schön er ist, und wie sehr sein Körper Sie anmacht. Er sollte dies ebenso sagen.

❶❹❽

Gehen Sie unter die Dusche. Reiben Sie Ihre Körper einander. Waschen Sie die Genitalien Ihres Partners jedoch lassen Sie sich viel Zeit und flüstern Sie sich nette Worte zu. Trocknen Sie sich gegenseitig mit einem vorgewärmten Handtuch ab.

❶❹❾

Gehen Sie Händchen haltend durch den Park. Schalten Sie Ihr Handy vorher aus. Nehmen Sie die Natur um Sie herum bewusst wahr. Beteuern Sie Ihre Liebe und kaufen Sie kleine Geschenke, die Sie immer an diesen Tag erinnern.

❶❺⓿

Reden Sie bei gemeinsamen Spaziergängen nicht über die Arbeit. Lassen Sie den Alltag hinter sich, auch wenn es manchmal schwerfällt. Gönnen Sie sich daheim bei Kerzenschein ein romantisches Bad zu zweit. Kuscheln Sie endlos und seien Sie zärtlich zueinander. Verwirklichen Sie Ihre Vorstellung von einer liebevollen Hochzeitsnacht oder machen Sie Ihre Hochzeitsnacht immer wieder zu einem neuen, sanftmütigen Erlebnis. Bleiben Sie sich treu, erkennen Sie die Hochs und Tiefs Ihrer Lust und leben Sie diese liebevoll aus.

Bilder der Leidenschaft

Erotische Top-Positionen

Missionary-Position

Back-To-Front-Position

Lyons-Stagecoach-Position

Woman−Performence−Position

Zitatensammlung

<u>Zitate rund um die Liebe ...</u>

Blumen sind die Liebesgedanken
der Natur.
(Armin, Bettina)

Die Freundschaft und die Liebe
schenken Blumen.
(Grillparzer, Franz)

Glück ist Liebe, nichts anderes.
Wer lieben kann, ist glücklich.
(Hermann Hesse)

♥

Die Liebe ist der Stoff, den die
Natur gewebt und die Fantasie
bestickt hat.
(Voltaire)

♥

Wir Menschen sind Engel mit nur
einem Flügel. Um fliegen zu können, müssen wir uns umarmen.
(Luciano de Crescenzo)

Kein Mensch fühlt im anderen
eine Schwingung mit, ohne dass er
sie selbst in sich hat.
(Hermann Hesse)

Die Liebe bricht herein mit
Wetterblitzen. Die Freundschaft
kommt wie dämmerndes
Mondlicht.
(Emanuel Geibel)

Zärtlichkeit ist das Ruhen der
Leidenschaft
((Joseph Joubert)

Die Zärtlichkeit ist die
Blume der Liebe.
(Sprichwort)

❤

Die Liebe ist der Tau, der zugleich
Brennessel und Lilien labt.
(Schwedisches Sprichwort)

❤

Die Liebe will erwerben und
besitzen. Die Freundschaft opfert,
doch sie fordert nicht.
(Emanuel Geibel)

Gefühlsfäden sind
schwerer zu zerreißen als
Gedankenketten
(Hellmut Walters)

♥

Liebende schließen beim Küssen
die Augen, weil sie mit
dem Herzen sehen möchten.
(Daphne du Maurier)

♥

Liebe ist, sich im anderen
ganz und gar
vergessen zu dürfen.
(Andrea Kailer)

Das Träumen ist der
Sonntag des Denkens.
(Henri–Frédéric Amiel)

♥

Was aus Liebe getan wird
geschieht immer jenseits
von Gut und Böse.
(Sprichwort)

♥

Einen Menschen lieben
heißt einzuwilligen, mit ihm
alt zu werden.
(Albert Camus)

Die Liebe allein versteht
das Geheimnis,
andere zu beschenken und
dabei selbst
reich zu werden.
(Clemens Brentano)

♥

Es muss von Herzen gehen,
was auf Herzen wirken soll.
(Johann Wolfgang von Goethe)

♥

Schön ist eigentlich alles,
was man mit Liebe betrachtet.
(Christian Morgenstern)

Es ist schön,
mit jemandem schweigen
zu können.
(Kurt Tucholsky)

Selig ist der Mensch, der den
Nächsten in seiner
Unzulänglichkeit genauso
erträgt, wie er von ihm
ertragen werden möchte.
(Franz von Assisi)

Jemanden vergessen wollen
heißt an ihn denken.
(Sprichwort)

Viele Menschen versäumen
das kleine Glück,
weil sie auf das Große
vergeblich warten.
(Pearl S. Buck)

♥

Das Glück ist die kurze Zeit,
in der man die Zeit vergisst.
(Jean de la Bruyére)

♥

Für gewöhnlich handelt es sich
bei Traumfrauen um
eine optische Täuschung.
(Sir Peter Ustinov)

Jemanden lieben heißt, als
einziger ein für die anderen
unsichtbares
Wunder zu sehen.
(Mauriac)

♥

Die Liebe gleicht einem Ring
und ein Ring hat kein Ende.
(Brasilianisches Sprichwort)

♥

Für die Welt bist du
irgendjemand,
aber für irgendjemand
bist du die Welt.
(unbekannt)

Heirat ist nicht das Happy-End,
sondern immer erst ein Anfang.
(F. Fellini)

Die Ehe ist eine Brücke, gebaut
aus Liebe und Vertrauen, die
die Ehepartner auch in
schweren Stunden tragen kann.
(unbekannt)

Raum ist in der kleinsten Hütte.
Für ein glücklich liebend Paar.
(Friedrich von Schiller)

Das einzig Rebellische in
der Gesellschaft ist es, eine
Familie zu gründen. Nur dort
findet einer sich selbst.
(Pete Townshend)

♥

Liebe kennt kein Alter,
nur beim Wein kommt es
auf den Jahrgang an.
(Joan Collins)

♥

Zeit ist Geld, sagt man.
Geld ist Glück, sagt man.
Fülle die Zeit mit Liebe
und du findest dein Glück.
(Erik Tengstedt)

Nachwort

Ob zum Freizeitvertreib oder fürs Leben:
Der Wunsch nach einer Partnerschaft,
schließlich der erste Augenkontakt, das
erste Ansprechen, das erste Ausziehen,
Lieben und miteinander Schlafen – all
dies birgt nicht nur gewisse Risiken,
sondern bedeutet ebenso auch eine große Chance. Scheuen Sie sich daher nicht,
den passenden Partner zu finden – oder
den falschen Partner wieder loszuwer-
den. Je nachdem! Wir leben nur einmal
und werden daher das Hier und Jetzt nie
nochmals erleben können. Genießen Sie
daher jeden Tag, jede Stunde und jede
Sekunde Ihres Lebens. Es gibt nichts
schöneres, als sein Leben mit einem
Partner zu teilen, als zu weit das Leben
zu genießen.

Jeder der 150 Dating- und Flirt-Tipps entspricht einem Flügelschlag von rosa Schmetterlingen. Lassen Sie sich vom Charme der Schmetterlinge einnehmen und Ihren Partner hieran teilhaben. Bringen Sie Farbe in Ihr Leben; erleben Sie den Zauber, der von den Schmetterlingen als Glücksbringer ausgeht.

Dieser kleine Ratgeber, der in jede Tasche passt und unter jedes Kopfkissen, hält sehr nützliche Tipps für Sie bereit: Von der dezenten Annäherung über die raffinierte Verführung, dem einfühlsamen Vorspiel bis hin zu aufregenden Liebesstellungen. Erweitern Sie Ihr Repertoire, bauen Sie eine neue Beziehung wegweisend auf oder geben Sie Ihrer jetzigen Beziehung neuen Schwung. Erhöhen Sie den Lustfaktor, probieren Sie

Neues aus. Seien Sie ruhig witzig und frech, zugleich jedoch immer ein kompetenter Partner. Gönnen Sie sich eine einfühlsame, liebes- und fantasievolle Beziehung – nicht nur in Sachen Sex.

Der Autor